LIBRO DE RECETAS

EN BLANCO PARA CREAR TUS PROPIOS PLATOS

Dedicado a todas las madres del mundo,
especialmente a Lita

"COCINAR

es como pintar o escribir una canción.

Así como hay miles de notas o colores, también hay miles de sabores.

Lo que hace la diferencia es

COMO tu los combinas.

WOLFGANG PUCK

¿POR QUÉ TENER UN LIBRO BLANCO DE RECETAS?

Un libro blanco de recetas es la herramienta perfecta para crear tus propios platos y organizarlos de una manera fácil y accesible para recordarlos.

Este libro de cocina es ideal para pasarlo a través de los miembros de la familia y generaciones.

Comienza hoy y llenar este libro con tus platos favoritos, cenas románticas, recetas detox, o con combinaciones secretas de la familia.

Y recuerda: la felicidad y el amor, son siempre caseros.

INDICE DE RECETAS

PÁGINA	NOMBRE DE RECETA	IDEAL PARA

INDICE DE RECETAS

PÁGINA	NOMBRE DE RECETA	IDEAL PARA

INDICE DE RECETAS

PÁGINA	NOMBRE DE RECETA	IDEAL PARA

RECETAS

NOMBRE DE LA RECETA:

INGREDIENTES

IDEAL PARA:

¿CÓMO APRENDÍ ESTA RECETA?

COMENSALES: TIEMPO:

 INSTRUCCIONES

NOMBRE DE LA RECETA:

 INGREDIENTES

IDEAL PARA:

¿CÓMO APRENDÍ ESTA RECETA?

COMENSALES:

 TIEMPO:

 INSTRUCCIONES

NOMBRE DE LA RECETA:

 INGREDIENTES

IDEAL PARA:

¿CÓMO APRENDÍ ESTA RECETA?

 COMENSALES:  TIEMPO:

 INSTRUCCIONES

NOMBRE DE LA RECETA:

 INGREDIENTES

IDEAL PARA:

¿CÓMO APRENDÍ ESTA RECETA?

COMENSALES:  TIEMPO:

 INSTRUCCIONES

NOMBRE DE LA RECETA:

INGREDIENTES

IDEAL PARA:

¿CÓMO APRENDÍ ESTA RECETA?

COMENSALES:  TIEMPO:

 INSTRUCCIONES

NOMBRE DE LA RECETA:

INGREDIENTES

IDEAL PARA:

¿CÓMO APRENDÍ ESTA RECETA?

COMENSALES:  TIEMPO:

 INSTRUCCIONES

NOMBRE DE LA RECETA:

 INGREDIENTES

IDEAL PARA:

¿CÓMO APRENDÍ ESTA RECETA?

 COMENSALES:

 TIEMPO:

 INSTRUCCIONES

NOMBRE DE LA RECETA:

 INGREDIENTES

IDEAL PARA:

¿CÓMO APRENDÍ ESTA RECETA?

COMENSALES:  TIEMPO:

 INSTRUCCIONES

NOMBRE DE LA RECETA:

INGREDIENTES

IDEAL PARA:

¿CÓMO APRENDÍ ESTA RECETA?

COMENSALES: TIEMPO:

 INSTRUCCIONES

NOMBRE DE LA RECETA:

INGREDIENTES

IDEAL PARA:

¿CÓMO APRENDÍ ESTA RECETA?

COMENSALES:

 TIEMPO:

INSTRUCCIONES

NOMBRE DE LA RECETA:

 INGREDIENTES

IDEAL PARA:

¿CÓMO APRENDÍ ESTA RECETA?

COMENSALES:  TIEMPO:

 INSTRUCCIONES

NOMBRE DE LA RECETA:

 INGREDIENTES

IDEAL PARA:

¿CÓMO APRENDÍ ESTA RECETA?

COMENSALES:

 TIEMPO:

 INSTRUCCIONES

NOMBRE DE LA RECETA:

 INGREDIENTES

IDEAL PARA:

¿CÓMO APRENDÍ ESTA
RECETA?

COMENSALES:　　　 TIEMPO:

 INSTRUCCIONES

NOMBRE DE LA RECETA:

 INGREDIENTES

IDEAL PARA:

¿CÓMO APRENDÍ ESTA RECETA?

 COMENSALES:  TIEMPO:

INSTRUCCIONES

NOMBRE DE LA RECETA:

 INGREDIENTES

IDEAL PARA:

¿CÓMO APRENDÍ ESTA RECETA?

COMENSALES:  TIEMPO:

 INSTRUCCIONES

NOMBRE DE LA RECETA:

 INGREDIENTES

IDEAL PARA:

¿CÓMO APRENDÍ ESTA RECETA?

 COMENSALES: TIEMPO:

 INSTRUCCIONES

NOMBRE DE LA RECETA:

 INGREDIENTES

IDEAL PARA:

¿CÓMO APRENDÍ ESTA RECETA?

COMENSALES:

 TIEMPO:

 INSTRUCCIONES

NOMBRE DE LA RECETA:

 INGREDIENTES

IDEAL PARA:

¿CÓMO APRENDÍ ESTA RECETA?

 COMENSALES: TIEMPO:

 INSTRUCCIONES

NOMBRE DE LA RECETA:

 INGREDIENTES

IDEAL PARA:

¿CÓMO APRENDÍ ESTA
RECETA?

 COMENSALES:

 TIEMPO:

 INSTRUCCIONES

NOMBRE DE LA RECETA:

INGREDIENTES

IDEAL PARA:

¿CÓMO APRENDÍ ESTA RECETA?

COMENSALES:

 TIEMPO:

 INSTRUCCIONES

NOMBRE DE LA RECETA:

 INGREDIENTES

IDEAL PARA:

¿CÓMO APRENDÍ ESTA RECETA?

COMENSALES:  TIEMPO:

 INSTRUCCIONES

NOMBRE DE LA RECETA:

INGREDIENTES

IDEAL PARA:

¿CÓMO APRENDÍ ESTA RECETA?

COMENSALES: TIEMPO:

 INSTRUCCIONES

NOMBRE DE LA RECETA:

INGREDIENTES

IDEAL PARA:

¿CÓMO APRENDÍ ESTA RECETA?

 COMENSALES: TIEMPO:

 INSTRUCCIONES

NOMBRE DE LA RECETA:

 INGREDIENTES

IDEAL PARA:

¿CÓMO APRENDÍ ESTA RECETA?

 COMENSALES:

 TIEMPO:

 INSTRUCCIONES

NOMBRE DE LA RECETA:

INGREDIENTES

IDEAL PARA:

¿CÓMO APRENDÍ ESTA RECETA?

COMENSALES:

 TIEMPO:

INSTRUCCIONES

NOMBRE DE LA RECETA:

INGREDIENTES

IDEAL PARA:

¿CÓMO APRENDÍ ESTA RECETA?

COMENSALES: TIEMPO:

NOMBRE DE LA RECETA:

 INGREDIENTES

IDEAL PARA:

¿CÓMO APRENDÍ ESTA RECETA?

COMENSALES: TIEMPO:

 INSTRUCCIONES

NOMBRE DE LA RECETA:

 INGREDIENTES

IDEAL PARA:

¿CÓMO APRENDÍ ESTA RECETA?

COMENSALES:

 TIEMPO:

 INSTRUCCIONES

NOMBRE DE LA RECETA:

 INGREDIENTES

IDEAL PARA:

¿CÓMO APRENDÍ ESTA RECETA?

 COMENSALES:

 TIEMPO:

 INSTRUCCIONES

NOMBRE DE LA RECETA:

 INGREDIENTES

IDEAL PARA:

¿CÓMO APRENDÍ ESTA RECETA?

COMENSALES:  TIEMPO:

 INSTRUCCIONES

NOMBRE DE LA RECETA:

 INGREDIENTES

IDEAL PARA:

¿CÓMO APRENDÍ ESTA RECETA?

COMENSALES:  TIEMPO:

 INSTRUCCIONES

NOMBRE DE LA RECETA:

 INGREDIENTES

IDEAL PARA:

¿CÓMO APRENDÍ ESTA RECETA?

 COMENSALES: TIEMPO:

 INSTRUCCIONES

NOMBRE DE LA RECETA:

INGREDIENTES

IDEAL PARA:

¿CÓMO APRENDÍ ESTA RECETA?

COMENSALES:  TIEMPO:

 INSTRUCCIONES

NOMBRE DE LA RECETA:

INGREDIENTES

IDEAL PARA:

¿CÓMO APRENDÍ ESTA RECETA?

COMENSALES:

 TIEMPO:

 INSTRUCCIONES

NOMBRE DE LA RECETA:

INGREDIENTES

IDEAL PARA:

¿CÓMO APRENDÍ ESTA RECETA?

COMENSALES: TIEMPO:

 INSTRUCCIONES

NOMBRE DE LA RECETA:

 INGREDIENTES

IDEAL PARA:

¿CÓMO APRENDÍ ESTA RECETA?

COMENSALES:  TIEMPO:

 INSTRUCCIONES

NOMBRE DE LA RECETA:

INGREDIENTES

IDEAL PARA:

¿CÓMO APRENDÍ ESTA
RECETA?

 COMENSALES:

 TIEMPO:

INSTRUCCIONES

NOMBRE DE LA RECETA:

INGREDIENTES

IDEAL PARA:

¿CÓMO APRENDÍ ESTA RECETA?

 COMENSALES:

 TIEMPO:

INSTRUCCIONES

NOMBRE DE LA RECETA:

INGREDIENTES

IDEAL PARA:

¿CÓMO APRENDÍ ESTA RECETA?

COMENSALES:  TIEMPO:

 INSTRUCCIONES

NOMBRE DE LA RECETA:

 INGREDIENTES

IDEAL PARA:

¿CÓMO APRENDÍ ESTA RECETA?

COMENSALES:

 TIEMPO:

 INSTRUCCIONES

NOMBRE DE LA RECETA:

INGREDIENTES

IDEAL PARA:

¿CÓMO APRENDÍ ESTA RECETA?

 COMENSALES:

 TIEMPO:

 INSTRUCCIONES

NOMBRE DE LA RECETA:

 INGREDIENTES

IDEAL PARA:

¿CÓMO APRENDÍ ESTA RECETA?

 COMENSALES:

 TIEMPO:

 INSTRUCCIONES

NOMBRE DE LA RECETA:

 INGREDIENTES

IDEAL PARA:

¿CÓMO APRENDÍ ESTA RECETA?

 COMENSALES: TIEMPO:

 INSTRUCCIONES

NOMBRE DE LA RECETA:

INGREDIENTES

IDEAL PARA:

¿CÓMO APRENDÍ ESTA RECETA?

COMENSALES: TIEMPO:

 INSTRUCCIONES

NOMBRE DE LA RECETA:

 INGREDIENTES

IDEAL PARA:

¿CÓMO APRENDÍ ESTA RECETA?

COMENSALES: TIEMPO:

 INSTRUCCIONES

GRACIAS POR DEJAR TU COMENTARIO EN AMAZON O ENVIARNOS

TU VALORACIÓN A

INFO@BARCELOVER.CO

NO TE OLVIDES DE VISITAR NUESTRA COLECCIÓN DE PRODUCTOS

WWW.BARCELOVER.CO

Made in the USA
Columbia, SC
14 May 2020